世界一カンタンで
おいしい

せいろ
レシピ

サヤ

KADOKAWA

ときめき湯気ワールドへようこそ

せいろ蒸しはとにかくカンタン。
手の込んだ味付けも、難しい料理のテクニックもいりません。
食材を入れて蒸すだけで、驚くほどおいしくなる!
これがせいろ蒸し最大の魅力です。

蒸している間、ぼんやりと湯気を眺める時間は癒やしのひととき。
蒸し上がりを知らせるタイマーが鳴り、
せいろのふたを開ける瞬間のドキドキ感。
ほんわりと湯気をまとった料理を目にした瞬間のときめき。

せいろにおまかせしただけなのに、
料理上手になった気分になる……。
ちょっと大げさに聞こえるかもしれませんが、
魔法を使ったような気分!

料理が終わった後もとても爽快。
油が飛び散ったり、食材がコンロにこぼれ落ちたりすることもありません。
いつもは油で炒める料理も、油を使わず蒸すだけで完成。
だから料理は軽やかでヘルシー。
作るのも、食べるのも、後片付けも、せいろなら全部軽やか!

目次

用意するもの……8
とてもカンタン！せいろの使い方……12

1 これで完結！せいろでワンプレート

蒸しベーグルプレート……16
憧れ目玉蒸しパンプレート……18
蒸しホットケーキプレート……20
鮭定食……22
温野菜ボウル……24
温豆腐丼……25
蒸しケークサレ……26
ツナメルトサンド＆トマトスープ……28
肉まん＆ジンジャートマトスープ……30
厚揚げとチンゲン菜の中華蒸し弁当……32
カオマンガイ……34
ナン＆レトルトカレー……36
蒸し牛丼……38
ソース蒸し焼きそば……40
海鮮レモン塩蒸し焼きそば……42
ナポリタン蒸し焼きそば……43
わかめ蒸し蕎麦……44

クッキングシート活用術 1
**ワンプレートで使える
クッキングシートの敷き方**……46

2 せいろで作りたい定番料理

蒸しサムギョプサル……48
野菜の肉巻き蒸し……50
豚肉と大根の重ね蒸し……52
キャンディ包み蒸しハンバーグ……54
巻かないロールキャベツ……56
鮭のちゃんちゃん蒸し……58
タラときのこの塩麹レモン蒸し……60
ブリの西京蒸し……61

蒸しエビマヨ……62
お楽しみ餃子……64
豆腐コーンシュウマイ……66
白菜の包まないシュウマイ……68
蒸しライスペーパー春巻き……70
エビ＆豆苗、豚肉＆ねぎ
自家製サラダチキン……72
自家製サラダチキン活用
サラダチキンつけ麺……73
蒸し野菜のバルサミコマリネ……74
わかめと大根の梅蒸し……75
ミネラルたっぷりサラダ……76

3 冷凍食品格上げレシピ

蒸らしTKG……78
枝豆ベーコンごはん……80
トマトきのこリゾット風……81
豚肉とトマトの蒸しうどん……82
豚キムチうどん……84
メルティー餃子……85
冷凍食材を上手に使うコツ……86

4 素材ひとつで絶品蒸し

レタス×オイスターソース／かぶ×マーマレードじょうゆ／玉ねぎ×ライムナンプラー／れんこん×柚子胡椒クリームチーズ／にんじん×サワーココナッツ／ズッキーニ×レモン＆クリーム／カリフラワー×カレーヨーグルト／ブロッコリー×チーズオリーブオイル……88・89

大根×白だしレモン／きのこ×黒酢だれ／里いも×明太バター／じゃがいも×ジェノベーゼソース／卵×塩／ピーマン×明太マヨソース／トマト×メープルレモン／ナス×ねぎ塩だれ……90・91

かぼちゃ×パセリチーズ／さつまいも×レーズンバター／厚揚げ×ジンジャー塩麹／ちくわ&はんぺん×ショウガじょうゆバター／手羽先×オリーブ柚子胡椒／たらこ×マヨガーリック／ベビーホタテ×わさびオリーブオイルじょうゆ／豆腐×韓国風コチュソース……92・93

蒸し野菜で絶品スープ
かぼちゃポタージュ／
さつまいもポタージュ……94・95

塩麹、中華麹を作りませんか？
塩麹／中華麹……96

たれとソースのバリエーション
ハニーマスタード／ごま味噌だれ／マーマレード味噌／スイートチリライム／ジンジャー塩麹だれ／ガーリッククリーム……97

クッキングシート活用術 2
「蒸しBOX」の作り方……98

5 せいろでLet'sパーティー

しらすの和風ナンピザ……100
トマトとオリーブのアヒージョ……101
アクアパッツァ……102
蒸しタコス……104
蒸しチーズフォンデュ……106
生ハムとチーズのおつまみ餃子……108
とろとろお好み蒸し……109

Camping meals
キャンプでせいろごはんに
挑戦しました！……110

6 蒸すだけカンタンほっこりおやつ

りんごホットケーキ……112
キャロットケーキ……114
ミニ蒸しどら……116
蒸しチーズケーキ……118

チョコ&キャラメルフォンデュ……120
蒸しりんご／蒸し洋梨……122
蒸しシュガーバナナ……123
蒸しもち……124
メープルみたらしもち／味噌バターもち／練乳いちご大福／ピーナッツバターもち／バターコショウもち／お好みソースもち……125
あとがき……126

この本の使い方
- せいろはすべて直径24cmを使用。
- 材料は1人分を基本とし、レシピによって2〜3人分や作りやすい分量を記載しています。
- 蒸し時間はあくまで目安です。食材の個体差によっても蒸し上がりが変わるので、竹串などを刺してみて中まで火が通っていないようなら、様子を見ながらさらに数分蒸して調整してください。
- せいろ内の蒸気は高温なので、ふたを開けるときは蒸気を奥側に逃すようにするなど、火傷に十分注意しましょう。P.13も参考にしてください。
- 火加減はガスコンロを基準にしています。お使いの機器に合わせて調整してください。
- 小さじは5mL、大さじは15mL、カップは200mL。
- 「少々」は親指と人さし指でつまんだ量、「適量」は料理に見合った適切な量という意味です。
- 砂糖はきび砂糖、バターは有塩のもの、豆乳は無調整豆乳を使用しています。きび砂糖がなければ上白糖など、お好みのものを使っていただいて構いません。塩麹は市販品でOKです。P.96に作り方を記載しています。

用意するもの

せいろ

身＋ふたのセットが基本

食材を入れる「身」と「ふた」のセットでそろえます。
2段、3段で蒸したい場合は、「身」のみを買い足して重ねて使います。

ふた
身

安心して蒸せるように
重ねるなら3段までに

サイズの選び方

せいろは24cmがおすすめ。最初は若干大きく感じるかもしれませんが、1段で2人分のおかずはもちろん、小皿やココットなども入るので、ごはんや食パンとおかずを同時に蒸したり、モーニングプレートも作れたりと万能なのです。ゆとりがあることで、蒸気がうまく回りやすいという利点もあります。

食パン＆おかずも
入ります

24cm

この本では
24cm（1段）を使います

素材の選び方

素材は大きく分けて、杉、竹、檜の3種類。
蒸したとき、竹製は香りが控えめ、杉、檜は木の香りが立ち上ります。
杉、竹製のものは比較的お手頃価格、檜製は少し値段が高めですが長持ちします。

鍋

せいろが安定することが大切

せいろとサイズが合う鍋を使いましょう。せいろがはみ出るほどの小さい鍋や、直径がぴったりでもせいろが傾く場合はNG。蒸している途中にせいろがひっくり返ると危険なので、事前にのせてみてグラグラしないことを確認しておきましょう。せいろと専用鍋のセットを選ぶのもおすすめです。

せいろ専用鍋

中華鍋

蒸し板

あると便利！使える鍋の幅が格段に広がる

家にあるフライパンや鍋を使って蒸したい場合は蒸し板を活用しましょう。せいろとサイズが合わない鍋やフライパンでも、蒸し板を置き、その上にせいろをのせれば安定して蒸すことができます。

蒸し板

せいろより大きいサイズを選んでください

フライパンや鍋に蒸し板をのせて

蒸し板の上にせいろをのせる

蒸し板が真っすぐのれば、直径がやや小さめの片手鍋でもOK!

クッキングシート

汁気、脂汚れ対策に大活躍

クッキングシートを敷いて食材を蒸せば、
器を使わなくても蒸し汁を逃さず料理できるほか、
せいろに脂や色が染み込むのを防ぐことができます。

使い方の基本

クッキングシートは張りがあるので、
手でクシャっとさせると敷きやすくなり、周囲に隙間ができるので、
蒸気が上がりやすくなります。

クシャっとさせて敷く

クッキングシートがせいろの外に出ていると蒸気が回りにくくなるので内側に収めてください。

包丁で穴を開ける

蒸気をしっかり当てたいときや、水分や脂を落としたいときは、せいろの穴に合わせて包丁を刺し、クッキングシートに穴を開けます。
＊穴を開ける場合は、各レシピに記載しています。せいろが汚れるのを避けたい場合は、開けなくてもOKですが、蒸し時間が少し長くなる場合があります。

Check!

クッキングシートはお皿に入れて蒸すより火の通りが早く、せいろ蒸しに大活躍。使い方次第で料理の幅が広がります。活用方法は、P.46、P.98でも紹介しています。ぜひ参考にしてください。

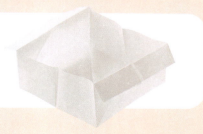

蒸し布

皿に入れて蒸す場合は必須

汁気が多い料理を皿に入れて蒸す場合、
蒸し布を敷いておくことで、
布ごと持ち上げて皿を安全に取り出すことができます。
24cmのせいろには30×30cmの蒸し布がぴったりです。

水で濡らし、絞って使用。
洗って繰り返し使えます！

さらしを使ってもOK

さらしは好きな長さに切って
使えるのがメリット。
ハサミで少し切り込みを入れ、
手で引き裂くことができます。

さらしはハサミで切るより手で裂いた
ほうが真っすぐ切れてほつれません。

耐熱の器

せいろと皿の間に隙間ができるサイズを選ぶ

小皿やココットなど小さい器はもちろん、
大きめの皿を入れて蒸すことも可能。
ただし、せいろと皿の間に隙間ができないものは、
蒸気が上がらなくなるのでNG。

目玉蒸しや、トマトスープなど、野菜の
蒸し汁を生かした料理を作るときは小
さい器が便利。

写真のように、せいろと器の間には隙
間が必要。蒸し布の端はせいろの内側
に収め、取り出す際は布の端をつまん
で持ち上げる。

とてもカンタン！
せいろの使い方

新しいせいろは、まず「空(から)蒸(む)し」をする

新しいせいろや長期間使っていないせいろは、まず「空蒸し」をして殺菌しましょう。

*素材による場合もあるので、取扱説明書を確認してください。

1 水洗いする → **2 何も入れず15分蒸す** → **3 乾かす**

流水で木屑やほこりを洗い流す。

たっぷりの湯を沸かし、空のせいろをのせて15分蒸す。

流水で洗い、軽く水気を拭き取り、風通しのよいところで乾燥させる。すぐに使う場合は、乾かさずにそのまま使えばOK。

食材を蒸す

たっぷりのお湯を沸かし、
せいろの中にしっかりと蒸気を回すのがポイントです。

1 せいろを水で濡らす

せいろが焦げたり食材の匂いや汁気が染みるのを防ぐために水で濡らしておく。

2 食材を入れる

せいろに食材を入れる。蒸気が全体に行き渡るよう、詰め込みすぎず、隙間を作っておくことが大切。

3 湯を沸かす

強火

せいろに食材を入れている間に、鍋にたっぷりの湯を沸かす。鍋の8〜9分目くらいの量が目安。強火で蒸気をしっかり上げるのがポイント。

4 蒸す

強めの中火〜強火

蒸気が上がった鍋にせいろをのせ、強めの中火〜強火で蒸気をキープして蒸す。本書では、レシピに指定がない限りはこの火加減がルールです。

Check!

蒸気はとても熱いので素手で触らないようにしましょう。ミトンやキッチンクロスを使い、蒸している途中にせいろの中身を確認したり動かしたりするときは、長い菜箸やスプーンを使ってください。

お手入れ

せいろは蒸すたびに高温殺菌されているので、使うことで清潔に保てます。
だから、お手入れもじつはとてもカンタン！
汚れを落とし、出しっぱなしにしておくのが基本です。

1 汚れが少ない場合は、拭き取るだけでOK

脂汚れなどがなく、汚れがこびりついていない場合は、乾いたふきんで拭き取る。少し汚れがある程度なら濡れふきんで汚れを落とす。

2 汚れがひどい場合は、水洗い&タワシで

汚れがこびりついたり、脂や調味料が付いたりした場合は、タワシやスポンジでやさしく洗い、水で洗い流す。せいろは木・竹製なので、洗剤を使うと染み込んでしまうため水洗いが基本。

3 しっかり乾かす

乾いた布で水を拭き、風通しのよいところで陰干しする。直射日光に当てるとひび割れの原因になるので注意。S字フックなどに引っ掛けて乾かすのがベスト。

4 出しっぱなしで収納

戸棚の中やビニール袋に入れて保管するのはカビが発生しやすくなるのでNG。S字フックにかけたままにしたり、扉のない棚に置くなどして、出しっぱなしにするのがおすすめ。

Check!

せいろを洗うタワシは天然素材がおすすめ。特にシュロのタワシは繊維が柔らかく縦向きなので、せいろを傷つけず、隙間の汚れを落とすのに適しています（繊維が硬くないものであれば、100均のタワシでもOKです）。

これで完結！
せいろでワンプレート

モーニングセットもパンもおにぎりも、
丼も麺もせいろに入れて蒸すだけでいいんです。
全部ほかほか。おうちごはんの醍醐味です！

蒸しベーグルプレート

蒸し時間 10min

ヘタをくりぬいたトマトに、はちみつと塩麹を入れてみたら驚きのおいしさに！ カップハムエッグも私の朝の定番です。

材料 1人分

- ベーグル……1個
- 卵……1個
- トマト……1個
- 塩麹……小さじ1〜2
- はちみつ……小さじ1〜2
- ウインナー……2〜3本
- キャベツ……適量
- ハム……2枚
- 好みの野菜（ブロッコリー、ラディッシュ、紫キャベツ、パプリカ（黄）など）……各適量
- 塩・コショウ、オリーブオイル……各少々

作り方

準備
- トマトはヘタの部分を深めにくりぬく。
- キャベツは千切りにする。

詰める
- ミニカップにハムを敷き、卵を割り入れる。
- 小皿にトマトをのせ、くりぬいた部分に塩麹、はちみつを入れる。
- 空いたところにクッキングシートを敷き、ベーグル、ウインナー＆キャベツを入れ、好みの野菜を詰める。

蒸す
- 8〜10分蒸す。
- 卵は塩・コショウ、野菜は塩・コショウ、オリーブオイルなどをつけていただく（その他、好みの味つけでどうぞ！）。

蒸したベーグルはもっちり。
好きなものを詰め込んだ
私の定番モーニング

17

憧れ目玉蒸しパンプレート

蒸し時間 10min

『天空の城ラピュタ』に登場する、ジブリ飯"ラピュタパン"をせいろ蒸しで再現。ふかふか厚切りのパンでお試しあれ！

材料 1人分

食パン……1枚
卵……1個
マッシュルーム……3個
ブロッコリー……4房
トマト（輪切り）……2枚
ベーコン（厚切り）……1枚
塩・コショウ、オリーブオイル……各少々

作り方

準備
- ブロッコリーは食べやすいサイズに切る。ベーコンは2〜3等分に切る。

詰める
- 各材料の下にクッキングシートを敷き、食パン、ベーコン、トマト、ブロッコリー＆マッシュルームを入れる。
- 食パンにコップの底を押し当ててくぼみを作り、卵を落とし入れる。

蒸す
- 5〜10分蒸す。
- パンに塩・コショウ、野菜に塩・コショウ、オリーブオイルをかけていただく。

パンの上で卵がとろ〜り。
ワンダーランドinせいろ！

好きなもの、全部入り！
いろんな味に心が躍る

20

蒸しホットケーキプレート

蒸し時間 10min

せいろで楽しむパンケーキモーニング。
クッキングシートに生地をのせて蒸すだけでふっくら！

材料 1人分

A
- ホットケーキミックス……大さじ5
- 豆乳または牛乳……大さじ3

B
- 冷凍ベリーミックス……約40g
- メープルシロップ……大さじ1

C
- 卵……1個
- 豆乳または牛乳……大さじ3
- 塩……少々

- ベーコン（スライス）……1枚
- キャベツ（くし形切り）……小1/8個
- ピザ用チーズ……適量
- 塩・黒コショウ……少々
- ケチャップ……大さじ1〜2

作り方

準備
- Aを混ぜ合わせる（ホットケーキの生地）。
- 耐熱カップにBを入れる（ベリーソース）。
- 耐熱カップにCを入れてよく混ぜる（スクランブルエッグ）。
- ベーコンを2〜3等分に切る。

詰める
- 卵、ベリーソースのカップをせいろに入れる。
- キャベツの下にクッキングシートを敷き、ピザ用チーズをのせ、塩・黒コショウをふる。
- 空いたところにクッキングシートを広めに敷き、ベーコンを置く。その上から、ホットケーキの生地を直径6〜7cmくらいになるようスプーンで落とし入れる。

蒸す
- 10分蒸す。
- 卵が半熟の状態で混ぜ、ケチャップをかける。

鮭定食

蒸し時間 10min

魚に塩麹をのせて、ありあわせの野菜、おにぎりを一緒に蒸す、私の定番スタイル。栄養バランス抜群です。

材料 1人分

- 玄米おにぎり……1個
- キャベツ……1〜2枚
- 生鮭……1切れ
- 塩麹……小さじ1
- 大根……厚さ1.5cm
- ほうれん草……約2株
- マイタケ……1/4パック
- めんつゆ（2倍濃縮）……小さじ1〜2
- かつお節、炒りごま……各適量

作り方

準備
- 大根は皮をむき、格子状に深めの切り込みを入れる。ほうれん草は長さ約4cmに切り、マイタケは小房に分ける。

詰める
- キャベツを敷き、鮭をのせ、塩麹をかける。
- 各食材の下にクッキングシートを敷き、おにぎり、大根、ほうれん草＆マイタケを入れる。

蒸す
- 10分蒸す。
- ほうれん草＆マイタケにかつお節を、大根にごまをふり、めんつゆをかける。

野菜たっぷり、ノンオイル。
忙しい日のお助け定食

温野菜ボウル

蒸し時間 10min

塩麹のシーザーサラダ風ドレッシングが新しい味！
たっぷりの野菜にシーフードと枝豆を加えて満足感もしっかり。

材料 2人分

- シーフードミックス（冷凍）……150g
- 紫玉ねぎ……1/2個
- キャベツ……1/16個（約70g）
- れんこん……60g
- パプリカ（黄）……1/2個
- 赤大根（または白い大根）……約5cm
- ミニトマト……6個
- 枝豆……20さや
- 好みのパン……適量

ドレッシング
- 塩麹……大さじ2
- オリーブオイル……大さじ4
- レモン汁……小さじ2
- 豆乳または牛乳……大さじ1と1/2
- 粉チーズ……大さじ1

作り方

準備
- シーフードミックスは解凍して水気をきる。
- 紫玉ねぎ、キャベツ、れんこん、パプリカは粗く刻む。赤大根は薄い半月切り、ミニトマトはヘタを取って半分に切る。枝豆は実を取り出す。

詰める
- クッキングシートを全体に敷き、包丁で軽く穴を開ける。
- 具を彩りよく入れる。野菜の上にパンの大きさほどのクッキングシートを敷き、パンをのせる。

蒸す
- 10分蒸す。
- パンを取り出し、混ぜ合わせた**ドレッシング**をかけ、全体を和えていただく。

温豆腐丼

蒸し時間 **5 min**

何度もリピしている、豆腐1丁を使う豪快丼。
蒸した豆腐がぷるぷる、とろり。軽〜くペロリと食べられます。

材料 1人分

ごはん……180g
絹豆腐……1丁
長ねぎ……10cm
アボカド……1/2個
ミョウガ……1個
大葉……2〜3枚
炒りごま、しょうゆ……各適量

作り方

準備
- 豆腐は水気をきる。
- 長ねぎは斜め薄切りにする。アボカドは大きめの角切り、ミョウガは半分に切って斜め薄切り、大葉は手でちぎる。

詰める
- クッキングシートを全体に敷き、包丁で穴を開ける。
- ごはんを入れ、豆腐、長ねぎの順にのせる。

蒸す
- 5分蒸す。
- アボカドを加え、ミョウガ、大葉、ごまを散らし、しょうゆをかける。

蒸しケークサレ

蒸し時間 **25**min

野菜たっぷりでタンパク質も摂れるから、これひとつで朝食完結。
カットして冷やしておけば、おやつにも。

材料 1〜2人分

ホットケーキミックス……80g

A
- 卵……1個（50g）
- 豆乳または牛乳……大さじ2
- 塩麹……小さじ1
  （または塩ひとつまみ）
- オリーブオイル……小さじ1
- はちみつ……小さじ1
- 塩・コショウ……少々

具
- 玉ねぎ……1/8個
- かぼちゃ……30g
- スイートコーン……大さじ2
- ブロッコリー……2房
- ミニトマト……4個
- ベーコン……30g

クリームチーズ……大さじ3

作り方

準備
- **A**を混ぜ、ホットケーキミックスを加えてよく混ぜ合わせる（生地）。
- **具**の玉ねぎは粗みじん切り、かぼちゃは皮をむいて厚さ約5mmに、ブロッコリーは小さめの小房に、ミニトマトはヘタを取って半分に、ベーコンは細切りにする。コーンは水気をよくきる。
- 生地に**具**の食材を加えて混ぜる。クリームチーズ半量を小分けにして加える。
- アルミ箔製のパウンド型や耐熱のプラスチック容器などにクッキングシートを敷いて生地を流し入れる。残りのクリームチーズを小分けにして上にのせる。

＊パウンド型は、ホーローやスチール製など厚手のものは火が通りにくいので避けてください。

詰める
- 生地を入れた型をせいろに入れる。

蒸す
- 20〜25分蒸す（竹串を刺し、生地が串についてくる場合は、さらに追加で5分蒸す）。
- 火が通ったら、取り出して粗熱を取る。型から出して食べやすいサイズにカットする。

自然な甘みとうまみにクリーミーなチーズがよく合います

ツナメルトサンド&
トマトスープ

蒸し時間 5min

無水で素材の味を楽しめる最高のトマトスープ。
ツナマヨ&チーズがとろけるサンドと一緒にどうぞ。

材料 1人分

イングリッシュマフィン……1個

A
- ツナ缶（ノンオイル）……1/2缶（約35g）
- 玉ねぎ（みじん切り）……1/16個（約12g）
- マヨネーズ……大さじ1/2
- ケチャップ……小さじ1/2
- 塩・コショウ……少々

B
- トマト……1個
- はちみつ……小さじ1
- オリーブオイル……小さじ1/2
- 塩……少々

ピザ用チーズ……適量
ブロッコリー、カリフラワー……各適量
塩・コショウ、オリーブオイルなど……各適量

作り方

準備
- ツナは汁気をよくきってボウルに入れる。残りの**A**を加えて混ぜる。
- トマトはくし形切りにしてスープカップに入れ、残りの**B**を加える。
- ブロッコリー、カリフラワーは小房に分ける。

詰める
- クッキングシートを敷いた上に半分に割ったマフィン1枚をのせ、ピザ用チーズ、**A**をのせる。
- スープカップ、ブロッコリー&カリフラワーをのせる。
- 空いたところにもう1枚のマフィンを入れる。

蒸す
- 5分蒸す。
- スープのトマトを崩して混ぜ、味見をして塩（少々・分量外）で味を調える。
- マフィンはサンドし、野菜は塩・コショウ、オリーブオイルをつけていただく。

イングリッシュマフィンが衝撃のふわもち食感に！

ショウガ風味のトマトスープが肉まんと好相性

肉まん&
ジンジャートマトスープ

蒸し時間 **10**min

市販の肉まんも、せいろで蒸すと格別!
トマトの中華風スープと合わせればちゃんとした献立に。

材料 1人分

肉まん……2個

A トマト……1個
　　鶏ガラスープの素……小さじ1
　　おろしショウガ……少々
　　塩・コショウ……少々

シイタケ、れんこん……各適量

中華麹（P.96参照）……大さじ1
（蒸した後に塩やショウガじょうゆなどをかけてもOK）

小ねぎ（小口切り）……少々

作り方

準備
- 肉まんは冷凍品の場合は商品記載のとおりに解凍しておく。
- トマトはくし形切りにしてスープカップに入れ、残りの**A**を加える。
- シイタケは半分に切る。れんこんは5mm厚さのイチョウ切りにする。

詰める
- 肉まん、シイタケ&れんこんは、それぞれクッキングシートを敷いて入れる。シイタケ&れんこんに中華麹をかける。
- スープカップを入れる。

蒸す
- 10分蒸す。
- スープのトマトを崩して混ぜ、味見をして塩（少々・分量外）で味を調え、小ねぎをのせる。

厚揚げとチンゲン菜の 中華蒸し弁当

蒸し時間 **8 min**

大皿料理のイメージで作るノンオイル中華。
おにぎりを入れたらほっかほかのお弁当みたいでワクワクします！

材料 1人分

- おにぎり……1個
- 厚揚げ……1/2枚
- チンゲン菜……1株
- エリンギ……大1本
- エノキダケ……約1/4袋
- にんじん……1/3本

たれ
- オイスターソース……大さじ2
- はちみつ……小さじ1
- ごま油……少々

作り方

準備
- 厚揚げはキッチンペーパーで押さえて油を抜き、三角形に切る。チンゲン菜、エリンギ、エノキダケは食べやすい大きさに切る。にんじんは短冊切りにする。

詰める
- おにぎりはクッキングシートを敷いて入れる。
- 残りのスペースにクッキングシートを敷き、すべての具を入れ、混ぜ合わせた**たれ**をかける。

蒸す
- 8分蒸す。
- 厚揚げ＆野菜をざっくりと混ぜる。

オイスターソースとはちみつの
甘めのたれがごはんによく合う

カオマンガイ

蒸し時間 15min

塩麹をもみ込んだ鶏肉がしっとりふっくら。
鶏肉のうまみが染み渡り、シンプルなのに本格的な味わいです。

材料 1人分

ごはん……200g
鶏ムネ肉……1枚
塩麹……大さじ2
キャベツ……30g
たれ
　長ねぎ（みじん切り）……約1/3本
　ショウガ（みじん切り）……1片
　ニンニク（みじん切り）……少々
　はちみつ、酢……各大さじ2
　鶏ガラスープの素、ごま油……各小さじ1
キュウリ、トマト……各適量

作り方

準備
- 鶏肉に数カ所フォークを刺し、塩麹をもみ込み、30分〜ひと晩ほど置く。
- キャベツは太めの千切りにする。

詰める
- クッキングシートを全体に敷き、包丁で穴を開ける。
- ごはんを入れ、キャベツを敷き、鶏肉をのせる。

蒸す
- 10分蒸したら鶏肉を裏返し、さらに5分蒸す。
- 鶏肉を取り出して食べやすいサイズに切り、再びごはんの上にのせる。
- スライスしたキュウリ、くし形切りにしたトマトを添え、混ぜ合わせた**たれ**をかける。

下に敷いたキャベツも美味！食べると元気が湧いてくる

レトルトカレーがごちそうに！休日のランチにもぴったり

ナン&レトルトカレー

蒸し時間 **10 min**

レトルトカレーをそのまま蒸しちゃいました。
ナンの代わりにパンやごはんを一緒に蒸してもOKです。

詰めるだけ、これでいいんです！

材料 1人分
- ナン……1枚
- レトルトカレー……1袋
- 卵……1個
- 好みの野菜（ミニトマト、にんじん、玉ねぎ、ヤングコーン、ブロッコリーなど）……各適量

作り方

準備
- 野菜はそれぞれ食べやすい大きさに切る。

詰める
- 野菜、レトルトカレーを袋のまま入れる。ナンと卵は、それぞれクッキングシートを敷いて入れる。

蒸す
- 5分蒸したらナンとカレーを取り出し、さらに5分蒸す。
- せいろから取り出して器に盛る。

コンビニ弁当みたいな2層スタイルで！

蒸し牛丼

蒸し時間 10min

どんぶりだけれど、具とごはんを分けて蒸したいときは、クッキングシートを2層にすればOK!

材料 1人分

- ごはん……どんぶり1杯分
- 牛こまぎれ肉……100g
- 玉ねぎ……1/4個
- **A**
  - おろしショウガ……小さじ1
  - しょうゆ……大さじ2
  - みりん……大さじ2と1/2
  - 酒……大さじ2と1/2
  - 砂糖……大さじ1
- 紅ショウガ……適量

作り方

準備
- 玉ねぎは細めのくし形切りにする。
- 牛肉と玉ねぎに **A** を加えて約5分置く。

詰める
- クッキングシートを全体に敷き、ごはんを入れる。
- ごはんの真ん中に少しくぼみを作る。その上にもう1枚クッキングシートをのせ、下味をつけた牛肉&玉ねぎを汁ごとのせる(汁がこぼれないよう注意)。

蒸す
- 10分蒸す。
- 具を押さえながら上段のクッキングシートを抜き取り、紅ショウガを添える。

焼きそば麺がふんわりもっちり。
ノンオイルでやさしい仕上がり

ソース蒸し焼きそば

蒸し時間 10 min

せいろで焼きそばを作ってみたら
炒めたときより麺がもっちりおいしくて驚きました！

材料 1人分

- 焼きそば麺（太麺がおすすめ）……1玉
- キャベツ……1～2枚（約70g）
- 玉ねぎ……1/4個
- にんじん……1/3本
- しめじ……1/4袋
- 豚バラ薄切り肉……60g
- 付属の焼きそばソース……1袋
- （または焼きそばソース……適量）
- 青のり粉……適量

作り方

準備
- キャベツはざく切り、玉ねぎは薄めのくし形切り、にんじんは薄い短冊切りにする。しめじは小房に分ける。
- 豚肉は食べやすい長さに切る。

詰める
- クッキングシートを全体に敷き、麺、野菜、しめじ、豚肉の順にのせ、ソースをかける。

蒸す
- 10分蒸したら全体を混ぜ青のり粉をかける。

海鮮レモン塩蒸し焼きそば

蒸し時間 10min

レモンがふわりと香る爽やかさが新鮮で、家族にも大好評。
あっさり味なので途中でソースをかけて味変してもOK。

材料 1人分

- 焼きそば麺……1玉
- シーフードミックス（冷凍）……150g
- キャベツ……1〜2枚（約70g）
- もやし……1/3袋
- レモン（輪切り）……2枚
- 鶏ガラスープの素……小さじ2
- 塩・コショウ……少々
- レモン汁……小さじ2

作り方

準備
- シーフードミックスは解凍して水気をきる。
- キャベツはざく切りにする。

詰める
- クッキングシートを全体に敷き、麺、野菜、シーフードミックスの順にのせる。鶏ガラスープの素、塩・コショウ、レモン汁を全体にふり、輪切りレモンをのせる。

蒸す
- 10分蒸したら全体を混ぜる。
- 味見をして塩（少々・分量外）で味を調える。

ナポリタン蒸し焼きそば

蒸し時間 10min

麺ゆで不要。せいろひとつでパスタ気分を味わえます。子どももきっと好きな味！

材料 1人分

- 焼きそば麺……1玉
- ウインナー……4本
- 玉ねぎ……1/4個
- ピーマン……1個
- A
  - ケチャップ……大さじ3
  - コンソメ（顆粒）……小さじ1
  - 塩・コショウ……少々
- 粉チーズ……適量

作り方

準備
- ウインナーは斜め薄切りにする。玉ねぎは細めのくし形切り、ピーマンは縦半分に切り、横方向の細切りにする。

詰める
- クッキングシートを全体に敷き、麺、野菜、ウインナーの順にのせる。Aを全体にかける。

蒸す
- 10分蒸したら全体を混ぜ、粉チーズをふる。

わかめ蒸し蕎麦

蒸し時間 **5 min**

手軽なパックのゆで蕎麦も、蒸すとほんわり。
乾燥わかめは水で戻しながら蒸せばふんわりとしたホットわかめに。

材料 2人分

ゆで蕎麦……2玉
カットわかめ……大さじ1
長いも……約4cm
炒りごま……適量
納豆……1パック
好みの薬味（ショウガ、ミョウガ、小ねぎ）
　　……各適量
めんつゆ……適量

作り方

準備
- 長いもは皮をむいてすりおろし、ごまを混ぜる。薬味は刻む。納豆は混ぜる。それぞれ器に盛る。

詰める
- クッキングシートを敷き、蕎麦をのせ、水50mLをかける。
- 皿を置き、わかめとわかめが浸る量の水を入れる。

蒸す
- 5分蒸す。
- 具、薬味とともにめんつゆにつけながら食べる。

新発見！
お蕎麦は蒸してもおいしいんです

クッキングシート活用術 1
ワンプレートで使える
クッキングシートの敷き方

クッキングシートは、汁気を漏らさず、自由に形を変えられる優れもの。
うまく活用すれば、料理の幅も広がります。

全面敷き

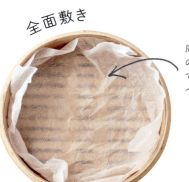

周囲に蒸気が上がるための隙間を空けたり、包丁で穴を開けて敷くのがポイント（P.10も参照）。

ワンポイント敷き

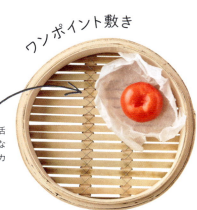

ワンプレートの一部に活用。汁気や脂が気になる食材の下に、小さくカットして敷く。

ハーフ＆ハーフ敷き

ごはんとおかず、麺と具など、2つに分けて蒸したいときに便利。

クオーター敷き

おかずや食材がくっつかないよう、4つに分けて蒸したいときに。

キャンディ包み

1人分ずつ蒸して取り分けたい料理にぴったり。ケーキや蒸しパンなどにも使えます。

2層敷き

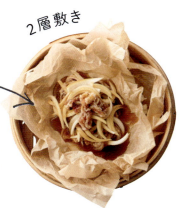

下段にごはん、上段に具をのせて蒸し、食べるときに上のクッキングシートを抜き取る、"コンビニ弁当"スタイル。ごはんがべちゃっとならないのがメリット。

2

せいろで作りたい
定番料理

フライパンで炒める料理も、
せいろならノンオイルで蒸すだけ。
ヘルシーでやさしいおいしさに出合えます。

蒸しサムギョプサル

蒸し時間 **10 min**

肉の脂がほどよく落ちて、あっさりヘルシーに！
野菜もたっぷり！ 食べると元気になる料理です。

材料 2～3人分

- 豚バラブロック肉……300g
- 塩・コショウ……少々
- エリンギ……1本
- もやし……1袋
- 長ねぎ……1/3本
- ニンニク……2～3片

たれ
- コチュジャン……大さじ1
- 味噌……大さじ1
- ごま油……小さじ1
- 砂糖……小さじ1
- おろしニンニク……少々
- みりん……小さじ1

- 大葉……4～5枚
- サンチュ……適量

作り方

準備
- 豚肉は厚さ1cmに切り、塩・コショウをふる。エリンギは縦半分に切る。長ねぎは長さ約5cm、縦半分に切る。
- たれの材料を混ぜ合わせる。

詰める
- クッキングシートを全体に敷き、包丁で穴を開ける。
- もやしを敷き、豚肉、エリンギ、長ねぎ、ニンニクをのせる。

蒸す
- 10分蒸す。
- サンチュに大葉、具をのせ、**たれ**をつけながらいただく。

蒸した豚肉はムッチリ。
コチュジャン味噌で
一気に韓国気分

野菜の肉巻き蒸し

蒸し時間 10min

野菜は何でもOK。とにかくカンタンでおいしいから、まずチャレンジしてみてほしいせいろ料理です。

材料 2人分

- 豚バラ肉（しゃぶしゃぶ用）……180g
- 塩・コショウ……少々
- トマト……1/4個
- 大葉……2枚
- ミニトマト……2個
- エノキダケ……1/3袋
- エリンギ……1本
- にんじん……1/2本（70g）
- ナス……1/2本（50g）
- 豆苗……1/4パック
- もやし……1袋

味噌だれ
- 味噌……大さじ2
- 豆乳（または牛乳）……大さじ1
- おろしニンニク……少々
- 砂糖（またははちみつ）……大さじ1

塩オリーブだれ
- オリーブオイル、塩……各適量

作り方

準備
- 豚肉は塩・コショウをふる。トマトはくし形切りに、エノキダケは根元を切り落とす。エリンギは縦2等分～4等分に切る。にんじんは長さ10cmの細めのスティック状に切る。ナスは横半分、縦4等分に切り、10分ほど水にさらしてアクを抜く（皮は最初にむいてから水にさらしてもOK）。ミニトマトはヘタを取り除く。
- ミニトマトは大葉と一緒に豚肉で巻き、その他、もやし以外の野菜を肉で巻く。

詰める
- クッキングシートを全体に敷き、包丁で穴を開ける。
- もやしを敷き、肉巻きを並べ入れる。

蒸す
- 10分蒸す。
- **たれ**2種の材料をそれぞれ混ぜて添え、肉巻きにつけながらいただく。

味噌だれでこっくり、塩オリーブだれでジューシー

さっぱりとしたねぎぽん酢だれでいくらでも食べられそう

豚肉と大根の重ね蒸し

蒸し時間 10min

豚肉のうまみをまとった蒸し大根は
みずみずしくてキラキラで、感動的なおいしさ！

材料 2人分

豚バラ薄切り肉……200g
塩・コショウ……少々
大根……1/3本（約300g）
たれ
　小ねぎ（小口切り）……1本
　ぽん酢……大さじ3
　ごま油……小さじ1
　炒りごま……少々

作り方

準備
- 豚肉は食べやすい長さに切り、塩・コショウをふる。
- 大根は皮をむいて厚さ5mmほどの薄切りにする。

詰める
- クッキングシートを全体に敷き、包丁で穴を開ける。
- 大根、豚肉を重ねて並べ入れる。

蒸す
- 10分蒸す。
- 混ぜ合わせた**たれ**をつけながらいただく。

キャンディ包み蒸しハンバーグ

蒸し時間 10min

おろしにんじんをたっぷり加えるから、
ほんのり甘くてふわふわ！ きっと新しい味に出合えます。

材料 2人分

A
- 合いびき肉……200g
- 玉ねぎ（みじん切り）……1/2個
- パン粉……大さじ1
- 溶き卵……1/2個分
- 塩・コショウ……少々
- にんじん（すりおろす）……1/2本（60〜70g）

マッシュルーム……8個

ソース
- ケチャップ……大さじ3
- とんかつソース（またはウスターソース）……大さじ1

作り方

準備
- **A**をよくこねて2等分し、ハンバーグ形に成形する。
- マッシュルーム2個をスライスする。

詰める
- クッキングシートをキャンディ包み型にして、その中にハンバーグを入れ、スライスしたマッシュルームをのせる。空いたところに残りのマッシュルームを入れる。

蒸す
- 10分蒸す。
- 混ぜ合わせた**ソース**をかけていただく。

マッシュルームが
かわいくておいしい
アクセント

55

巻かないロールキャベツ

蒸し時間 10min

巻かないけれど、ちゃんとロールキャベツ味(笑)。
お皿で蒸して、うまみたっぷりのスープも楽しみましょう！

材料 2人分

キャベツ……3〜4枚

A
- 合いびき肉……150g
- 玉ねぎ(みじん切り)……1/4個
- 溶き卵……1/2個分
- 片栗粉……大さじ1
- 味噌……大さじ1
- おろしショウガ……少々
- コンソメ(顆粒)……小さじ1
- 塩・コショウ……少々
- ケチャップ……大さじ1

ケチャップ、ドライパセリ(好みで)……各適量

作り方

準備
- Aをよく混ぜ合わせる。キャベツは重ねやすい大きさ(1/2〜1/4くらい)に切る。

詰める
- さらしや蒸し布を敷き、直径21〜22cmくらいで深さのある器を置く。キャベツ、肉だね、キャベツ、肉だねの順で重ね、一番上にキャベツをのせる。

蒸す
- 10分蒸す。
- 切り分けていただく。好みでケチャップ、ドライパセリをかけてもOK。

味噌とショウガがほんのり
ごはんに合う味

57

味噌だれにバターの風味をまとわせて

鮭のちゃんちゃん蒸し

蒸し時間 10min

味噌好きな私のイチオシレシピ。
野菜をたっぷり食べられるのもうれしい！

材料 2人分

生鮭……2切れ
塩・コショウ……少々
キャベツ……1/4個
玉ねぎ……1/2個
にんじん……1/4本
しめじ……1/2袋

味噌だれ
　味噌……大さじ2
　酒……大さじ2
　砂糖（またははちみつ）……大さじ2
　みりん……大さじ2
　おろしニンニク……少々

バター……20g

作り方

準備
- 鮭に塩・コショウをふる。
- キャベツはざく切り、玉ねぎはくし形切り、にんじんは短冊切りにする。しめじは小房に分ける。

詰める
- クッキングシートを全体に敷き、包丁で穴を開ける。
- キャベツ、その他の野菜、鮭の順にのせる。混ぜ合わせた**味噌だれ**を鮭にかけ、バターをのせる。

蒸す
- 10分蒸す。
- 好みで仕上げにバター（適量・分量外）をのせる。

タラときのこの塩麹レモン蒸し

蒸し時間 15min

蒸したタラは身がふっくらふわふわ。
塩麹&レモンにオリーブオイルを合わせるのがお気に入り。

材料 2人分

- 生タラ……2切れ
- 塩・コショウ……少々
- 玉ねぎ……1/2個
- エノキダケ、エリンギ、マイタケ……各1/2パック

塩麹レモンだれ
- 塩麹……大さじ2
- オリーブオイル……大さじ2
- レモン汁……大さじ1

レモン(輪切り)……2枚

作り方

準備
- タラに塩・コショウをふる。
- 玉ねぎは薄めのくし形切りにする。エノキダケは半分に切る。エリンギは縦半分、横半分に切る。マイタケは小房に分ける。

詰める
- クッキングシートを全体に敷き、玉ねぎ&きのこ、タラの順でのせる。タラに混ぜ合わせた**塩麹レモンだれ**をかけ、輪切りレモンをのせる。

蒸す
- 10〜15分蒸す。

ブリの西京蒸し

蒸し時間 5 min

まったり甘い白味噌に癒やされます。塩をふって蒸したブリは自然と臭みが抜ける。これもせいろの力です。

材料 2人分

ブリ……2切れ
塩……少々
長ねぎ……1/4本
大根……約 1/6本

味噌だれ
　白味噌……大さじ1と1/2
　酒……小さじ1
　みりん……大さじ1/2

作り方

準備
- 長ねぎは斜め薄切りにする。大根は皮をむいて厚さ5mmの輪切りにする。
- ブリに塩をふる。

詰める
- クッキングシートを全体に敷き、包丁で穴を開ける。
- 大根、長ねぎ、ブリを順にのせ、ブリに混ぜ合わせた**味噌だれ**をぬる。

蒸す
- 5分蒸す。

蒸しエビマヨ

蒸し時間 5min

エビは片栗粉をまぶしてもちっと感を出しました。
一緒に蒸したレタスもおいしいので、エビを包んで食べるのもおすすめ。

材料 2人分

- むきエビ……約18尾
- 片栗粉……大さじ2
- レタス……2〜3枚
- **ソース**
  - マヨネーズ……大さじ2
  - スイートチリソース……大さじ2
  - レモン汁……少々
- 塩、レモン……各適量

作り方

準備
- エビに塩(ひとつまみ・分量外)、片栗粉、水(各大さじ2・分量外)を軽くもみ込み、水で洗い流す。背に沿って切り込みを入れて背ワタを取り、軽く水気をふき取る。エビに片栗粉をまぶす。

詰める
- クッキングシートを全体に敷き、包丁で穴を開ける。
- レタスを敷き、エビをのせる。

蒸す
- 5分蒸す。
- 混ぜ合わせた**ソース**、塩、レモンを添える。

まったり味のソース、さっぱり塩レモン、交互に食べたらエンドレス

63

具も味付けも自由！
レシピいらずの餃子

お楽しみ餃子

蒸し時間 10 min

餃子の肉だねを作りたくないというときはこれがおすすめ。
具を組み合わせて包むだけ。案外これがおいしくて楽しい！

材料 8個分

餃子の皮……8枚
豚こまぎれ肉……60g
大葉……3枚
ミニトマト……2～3個
ベーコン……1/2枚
スイートコーン……適量
しめじ……2～3房
ピザ用チーズ……適量
塩・コショウ（好みで）……適量
酢じょうゆ、ラー油など……各適量

作り方

準備
- ミニトマトはヘタを取って半分に切る。ベーコンは長さ約3cmに切る。コーンは水気をきる。
- 餃子の皮に具をのせ、好みで塩・コショウをふって包む（具は好きな組み合わせでOK）。

詰める
- クッキングシートを全体に敷き、包丁で穴を開ける。
- 餃子を並べ入れる。

蒸す
- 10分蒸す。
- 酢じょうゆ＆ラー油など好みのたれをつけていただく。

豆腐コーンシュウマイ

蒸し時間 **10min**

肉だねに豆腐を使うので軽くて柔らか。
シュウマイの皮の代わりにワンタンの皮を使ってもOKです！

材料 12～13個分

ワンタンの皮またはシュウマイの皮……12～13枚
A ┃ 鶏ひき肉……200g
　 ┃ 木綿豆腐（水気をきる）……100g
　 ┃ 玉ねぎ（みじん切り）……1/4個
　 ┃ スイートコーン（水気をきる）……40g
　 ┃ 鶏ガラスープの素……小さじ1
　 ┃ しょうゆ……大さじ1
　 ┃ 砂糖……小さじ1
　 ┃ 片栗粉……大さじ2
　 ┃ オイスターソース……小さじ1
　 ┃ おろしショウガ……少々
レタス……4～5枚
からし、しょうゆ（好みで）……各適量

作り方

準備
- Aをよく混ぜ合わせて、ざっくり12～13等分にする。
- ワンタンまたはシュウマイの皮にAをのせ、包む。

詰める
- レタスを敷き、シュウマイをのせる。

蒸す
- 10分蒸す。
- 好みでからし、しょうゆを添える。

皮もコーンもふっくら蒸したてをどうぞ！

噛むたびにれんこんがシャキッ、食べ応えもしっかり

白菜の包まないシュウマイ

蒸し時間 10min

白菜で肉団子を巻きながらいただきます。
白菜のうまみとジューシーさが最高のアクセント！

材料　大8個分

白菜（芯は除く）……3〜4枚
A
- 豚ひき肉……150g
- 玉ねぎ（みじん切り）……1/4個
- れんこん（粗みじん切り）……50g
- しょうゆ……大さじ1
- 砂糖……小さじ1
- 片栗粉……大さじ1
- オイスターソース……小さじ2
- おろしショウガ……1片

作り方

準備
- Aをよく混ぜ合わせて、8等分に丸めて少し平らにする。
- 白菜は長さ約10cmに切る。

詰める
- クッキングシートを全体に敷き、包丁で穴を開ける。
- 白菜を敷き詰めて、肉だねをのせる。

蒸す
- 10分蒸す。
- 白菜と一緒に肉団子をいただく。

蒸しライスペーパー春巻き

エビ&豆苗、豚肉&ねぎ

蒸し時間 **5 min**

生春巻きを蒸したら、さらに皮がもっちもちに！
シンプルな具で皮のもちっと感を際立たせます。

材料 4本分

- ライスペーパー……4枚
- むきエビ……6尾
- 豆苗……1/4袋弱（約15g）
- 豚バラ薄切り肉……2枚
- 塩・コショウ……少々
- 小ねぎ……2本
- たれ
  - しょうゆ……大さじ2
  - 酢……大さじ2
  - 砂糖またははちみつ……大さじ1
  - おろしショウガ……少々

作り方

準備
- 豚肉は半分に切り、塩・コショウをふる。ねぎは小口切りにする。
- ライスペーパーは水に浸し、柔らかくなってきたら具をのせて包む（エビ、豆苗の順でのせ、エビが下にくるまで巻いてから左右を折りたたむと、エビがきれいに見える。豚肉＆ねぎは、ねぎ、豚肉の順でのせ、小ねぎが下にくるまで巻いて同様に包む）。

詰める
- クッキングシートを全体に敷き、春巻き同士がくっつかないように並べる。

蒸す
- 5分蒸す。
- 混ぜ合わせた**たれ**を添える。

ほんのりとショウガが香る
甘酢しょうゆだれでいただきます

自家製サラダチキン

蒸し時間 25min

塩麹をもみ込んで蒸すだけで、自分史上最高のサラダチキンに。うまみたっぷりの蒸し汁もぜひ味わって。

材料 作りやすい分量

鶏ムネ肉……大1枚
塩麹……大さじ2
玉ねぎ……1/4個

作り方

準備
- 鶏肉に数カ所フォークを刺し、塩麹をもみ込み、30分〜ひと晩置く。
- 玉ねぎは薄めのくし形切りにする。
- 耐熱の保存容器などに玉ねぎ、鶏肉の順で入れる。

詰める
- 容器ごとせいろに入れる。

蒸す
- 10分蒸したら鶏肉を裏返し、さらに5分蒸す。
- 火を止めて、そのまま10分置く(余熱で火を通す)。

＊冷蔵で4〜5日間保存可

自家製サラダチキン活用
サラダチキンつけ麺

サラダチキンの蒸し汁を使ったつけ汁はやさしいうまみ。
一緒に蒸した玉ねぎの甘みにも癒やされます。

材料 1人分

『自家製サラダチキン』(P.72参照)……1/2枚
『自家製サラダチキン』の玉ねぎ……適量
中華麺……1玉
つけ汁
　『自家製サラダチキン』の蒸し汁
　　……約1/2カップ
　しょうゆ……小さじ1
　塩、ごま油……各少々
小ねぎ（小口切り）……適量

作り方

1 麺をゆで、ザルに上げて水気をきる。自家製サラダチキンを手でほぐす。

2 **つけ汁**の材料を混ぜ合わせてカップなどに入れる。

3 器に麺を盛り、ほぐしたサラダチキンと自家製サラダチキンの玉ねぎをのせ、小ねぎを散らす。

73

副菜

蒸し野菜のバルサミコマリネ

蒸し時間 **10min**

蒸し野菜のおいしさを長く楽しむマリネ。
甘みの中にほんのりとした酸味。箸休めにもぴったりです。

材料 作りやすい分量

- 紫キャベツ（ざく切り）……1枚
- れんこん（厚さ5mm・半月切り）……6枚
- にんじん（細めのスティック）……4本
- かぼちゃ（厚さ5mm）……4枚
- さつまいも（厚さ5mm・斜め切り）……4枚
- マッシュルーム（半分に切る）……3個
- エリンギ（縦4等分）……1本
- パプリカ（赤、細切り）……1/4個

マリネ液

- バルサミコ酢……大さじ5
- オリーブオイル……大さじ5
- はちみつ……大さじ4
- 塩麹……大さじ1（または塩小さじ1/2）
- 粒マスタード……小さじ1
- ローズマリー……適量

作り方

準備
- 具はそれぞれカットする。
- 大きめの保存容器に**マリネ液**を入れ、はちみつが溶けるまでよく混ぜる。

詰める
- クッキングシートを全体に敷き、包丁で穴を開け、具を並べ入れる。

蒸す
- 5〜10分蒸す。
- 熱いうちに**マリネ液**に浸す。
- 30分〜ひと晩置くと食べごろ。

＊冷蔵で4〜5日保存可

副菜

わかめと大根の梅蒸し

蒸し時間
10min

蒸している間もわかめの香りが漂います。
ごはんにどっさりのせて食べるのも、ありです。

材料 2〜3人分

カットわかめ……10g
酒……大さじ3
大根……100g
梅干し……1個
大葉……3枚
ごま油……小さじ1

作り方

準備
- 大根は皮をむき、長さ約5cmの細切りにする。梅干しは種を除き、包丁で細かく刻む。
- わかめは水に浸して戻し、水気をきる。

詰める
- クッキングシートを全体に敷き、大根、わかめを入れ、梅肉を散らす。酒をふり、全体になじませる。

蒸す
- 10分蒸す。
- ごま油を回しかけて混ぜ、千切りにした大葉を散らす。

副菜

ミネラルたっぷりサラダ

蒸し時間 **10 min**

何度も繰り返し作っているホットサラダ。
塩昆布としらすのうまみで野菜をもりもり食べられます。

材料 2人分

- しめじ……1/2袋
- エノキダケ……1/2袋
- 小松菜……1/2束
- パプリカ(赤)……1/2個
- しらす……大さじ3
- 塩昆布……3つまみ（約15g）
- ドレッシング
  - ぽん酢……大さじ1
  - ごま油……小さじ1

作り方

準備
- しめじは小房に分ける。エノキダケは半分に切る。小松菜は長さ約5cm、パプリカは縦方向の細切りにする。

詰める
- クッキングシートを全体に敷き、きのこと野菜を入れ、しらす、塩昆布を散らす。

蒸す
- 8〜10分蒸す。
- **ドレッシング**を回しかけて和える。

3

冷凍食品
格上げレシピ

冷凍ごはんは炊き立てのようになり、
冷凍うどんはもっちもちに。
冷凍というイメージが吹き飛びます！

蒸らしTKG

蒸し時間 10 min

冷凍ごはんも蒸すと炊き立てレベルにおいしくなります。
まずはシンプルに卵ちょい蒸しの卵かけごはんを楽しんで。

材料 1人分

冷凍ごはん……茶碗1杯分
卵……1個
しょうゆ、かつお節……各適量

作り方

準備
- 冷凍ごはんは5分ほど常温に置き、ラップを外す。

詰める
- クッキングシートをキャンディ包み型にして、その中に冷凍ごはんを入れる。

蒸す
- 7分蒸したらごはんを軽くほぐし、真ん中にくぼみを作って卵を割り入れる。
- さらに2分蒸し、火を止めて1分ほど蒸らす。
- かつお節をのせ、しょうゆをかけていただく。

＊卵が好みの硬さになるよう、蒸し時間を調整してください。
＊24cmせいろでは、キャンディ包みを2つ並べて、2人分を一度に作れます。

湯気をまとった
ほかほかごはんととろ〜り卵。
これぞ、せいろ蒸しごはんの醍醐味

枝豆ベーコンごはん

蒸し時間 **10min**

枝豆とベーコンの絶対おいしい組み合わせ。
冷凍ごはんでササッと作れるから、慌ただしい日の朝食にも。

材料 1人分

冷凍ごはん……茶碗1杯分
枝豆……10さや
ブロックベーコン……30g
コンソメ（顆粒）……小さじ1
塩、黒コショウ……各適量

作り方

準備
- 冷凍ごはんは5分ほど常温に置き、ラップを外す。
- 枝豆はさやから実を取り出す。ベーコンは長方形の角切りにする。

詰める
- クッキングシートを全体に敷き、冷凍ごはん、枝豆、ベーコンをのせる。

蒸す
- 7分蒸したらコンソメを加えて混ぜ、さらに3分蒸す。
- 味見をして、塩で味を調え、黒コショウをふる。

トマトきのこリゾット風

蒸し時間 15min

冷凍ごはん1杯にトマト1個で、ちょうどいい水分量。おもてなしの〆にもぴったりです。

材料 2人分

- 冷凍ごはん……茶碗1杯分
- トマト……1個
- 玉ねぎ……1/4個
- しめじ……約1/2袋
- コンソメ(顆粒)……小さじ2
- 塩・コショウ……少々
- ケチャップ……大さじ1
- ピザ用チーズ……40g
- 粉チーズ、ドライバジル……各適量

作り方

準備
- 冷凍ごはんは5分ほど常温に置き、ラップを外す。
- トマトはくし形切り、玉ねぎは薄めのくし形切り、しめじは小房に分ける。

詰める
- クッキングシートを全体に敷き、冷凍ごはんをのせる。玉ねぎ、しめじ、トマトをのせ、コンソメ、塩・コショウ、ケチャップ、ピザ用チーズを全体にかける。

蒸す
- 10分蒸したらトマトを軽く崩しながら混ぜ合わせ、さらに5分蒸す。
- 粉チーズ、バジルをふる。

豚肉とトマトの蒸しうどん

蒸し時間 **10min**

 冷凍うどんは蒸すともちもち。クッキングシートは
ハーフ&ハーフ敷きで、うどんと具を一気に仕上げられます。

材料 1人分

冷凍うどん……1玉
玉ねぎ……1/2個
トマト……1個
豚こまぎれ肉……100g
塩・コショウ……少々
おろしショウガ……1片
めんつゆ（2倍濃縮）……適量

作り方

準備
- 玉ねぎは細めのくし形切りに、トマトはくし形切りにする。

詰める
- クッキングシートを半分ずつに分けて敷き、1つに冷凍うどんを入れる。もう1つに玉ねぎ、トマト、豚肉を入れ、塩・コショウをふり、おろしショウガをのせる。

蒸す
- 10分蒸す。
- めんつゆにうどんと具をつけながらいただく。

豚肉とトマトの組み合わせで
うまみマシマシ

豚キムチうどん

せいろひとつでぶっかけうどん！
肉とキムチをのせて蒸すからうどんにうまみが染み渡ります。

材料 1人分

冷凍うどん……1玉
玉ねぎ……1/8個
豚バラ薄切り肉……60g
塩・コショウ……少々
キムチ……50g
A｜めんつゆ（2倍濃縮）……大さじ1
　｜しょうゆ……小さじ1
　｜ごま油……小さじ1/2
小ねぎ（小口切り）……適量

作り方

準備
- 玉ねぎはスライスする。
- 豚肉は食べやすい大きさに切り、塩・コショウをふる。

詰める
- クッキングシートを全体に敷き、冷凍うどん、玉ねぎ、豚肉、キムチの順にのせる。Aを回しかける。

蒸す
- 10分蒸したら和え、小ねぎを散らす。

メルティー餃子

  チーズをとろ〜りとさせるのはせいろの得意料理。
下に敷いたもやしも絶品で、思わずおかわりしたくなります。

材料 2〜3人分

冷凍餃子……約12個
もやし……1袋
ピザ用チーズ……適量
黒コショウ（好みで）……適量

作り方

詰める
- クッキングシートを全体に敷き、包丁で穴を開ける。
- もやしを入れ、冷凍餃子をのせ、ピザ用チーズをたっぷりかける。クッキングシートを1枚上からふわっとのせる。

蒸す
- 10分蒸す。
- 好みで黒コショウをふる。

冷凍食材を
上手に使うコツ

冷凍ごはんを蒸したら、なかなか中まで温まらなかった、
冷凍野菜がべちゃっとなった……そんなことがないように、コツを押さえておきましょう。

金属製バットにのせると急速に冷凍され、おいしさをキープできます。

ごはんは平らにして冷凍

冷凍ごはんもせいろで蒸せば炊き立てのようなおいしさに！ ただし、厚みがあると温まるまで時間がかかるので、厚さ2cmほどの平らな状態で、1食ずつラップで包んで冷凍しておくのがおすすめ。ラップを外し、凍ったまま他の食材と一緒に蒸せば、あっという間にワンプレートの完成です。

冷凍野菜は蒸しながら水分を落とす

冷凍野菜は凍ったまま蒸しても問題ありませんが、水分が溶け出してべちゃっとなりがちなので、クッキングシートに穴を開けて水分を落としながら蒸しましょう。冷凍のまま蒸す場合は、蒸し時間を少し長めにしてください。

穴開きタイプのクッキングシートも便利です。

霜の水分にも注意しましょう。

素材ひとつで
絶品蒸し

素材の味を引き出すのはせいろの得意技！
いろんな味の組み合わせで
いつもの野菜をごちそうに。

半玉ペロリ！

レタス×オイスターソース

作り方
レタス（1/2個）は5分蒸す。オイスターソース（大さじ1）、ごま油（小さじ1）を混ぜ合わせてかける。

蒸し時間 5分

かぶ×マーマレードじょうゆ

作り方
かぶ（2個）は半分に切って根元をよく洗い、10分蒸す。マーマレード（大さじ1）、しょうゆ（小さじ2）を混ぜ合わせてかける。

トリコになる！甘じょっぱさ

蒸し時間 10分

ほんのり甘いエスニック

玉ねぎ×ライムナンプラー

作り方
玉ねぎ（1/4個）は太めのくし形切りにして10分蒸す。ナンプラー、ライム果汁、はちみつ（各小さじ1）を混ぜ合わせてかける。
＊ライム果汁の代わりにレモン汁を使ってもOK。

蒸し時間 10分

れんこん×柚子胡椒クリームチーズ

作り方
れんこん（約100g）はめん棒などで割り（めん棒がない場合は、乱切りにする）、10分蒸す。クリームチーズ（大さじ1）、柚子胡椒、オリーブオイル（各少々）を混ぜて添える。

蒸し時間 10分

＊各たれの分量は、作りやすい分量を記載しています。
＊蒸し時間が同じものは一緒に蒸してもOKです。

おしゃれな気分で♡

にんじん×サワーココナッツ

作り方

にんじん（1/2本）は長さ約7cm・細めのスティック状に切って10分蒸す。ココナッツオイル、サワークリーム（各大さじ1）、塩・コショウ（少々）をかける。

蒸し時間 10分

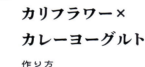

カレー風味がナイスマッチ

ズッキーニ×レモン&クリーム

作り方

ズッキーニ（1本）は縦半分に切り、格子状の切り込みを入れて5分蒸す。
クリームチーズを添え、レモンを搾り、黒コショウをふる（各適量）。

蒸し時間 5分

カリフラワー×
カレーヨーグルト

作り方

カリフラワー（1株）は半分に切って10分蒸す。プレーンヨーグルト（大さじ2）、カレー粉（小さじ1/2）、はちみつ（小さじ1）、塩（少々）を混ぜてかける。

蒸し時間 10分

レモンが爽やか！
飽きない味

ブロッコリー×
チーズオリーブオイル

作り方

ブロッコリー（適量）は5分蒸す。粉チーズ、塩、黒コショウ、オリーブオイル（各適量）をかける。

蒸し時間 5分

爽やかでやさしい味わい

大根×白だしレモン

作り方
大根（厚さ2cmの輪切り2枚）は皮をむき、格子状の切り込みを入れて10分蒸す。白だしをかけ、レモンを搾る（各適量）。

蒸し時間 10分

きのこ×黒酢だれ

作り方
シイタケ（3個）、エリンギ（1本）は食べやすい大きさに切り5分蒸す。黒酢（大さじ2）、砂糖、しょうゆ、ごま油（各小さじ2）を混ぜ合わせてかける。
＊きのこは好みのものでOK。

蒸し時間 5分

定番にしたい甘酢だれ

むっちり、濃厚！

里いも×明太バター

作り方
里いも（2個）はよく洗い、皮に一周切り込みを入れて15〜20分蒸す（大きいものは半分に切る）。明太子（1本・ほぐす）、バター（約10g・常温に戻しておく）をのせる。

蒸し時間 20分

じゃがいも×ジェノベーゼソース

作り方
じゃがいも（2個）は洗って芽を取り除き、半分または四つ割りにして15〜20分蒸す。ジェノベーゼソース（市販品・適量）をかける。

蒸し時間 20分

卵×塩

(あつあつをはふっと食べて！)

作り方
卵は半熟が好きな人は5分、固ゆでが好きな人は10分蒸す。殻をむき、塩(少々)をふる。

蒸し時間 10分

ピーマン×明太マヨソース

作り方
ピーマン(2個)は5分蒸す。
ほぐした明太子(25g)、マヨネーズ(大さじ1)、しょうゆ(小さじ1/2)を混ぜ合わせてかける。

蒸し時間 5分

(ごはんにもパンにも合います)

トマト×メープルレモン

作り方
トマト(1個)はヘタを取り除いて5分蒸す。メープルシロップ(大さじ2)、レモン汁(小さじ1)をかける。

蒸し時間 5分

(デザート感覚でどうぞ)

(名付けて「よだれナス」)

ナス×ねぎ塩だれ

作り方
ナス(2本)は縦に切り込みを入れ、10分ほど水にさらしてアクを抜き(または皮をむく)、10分蒸す。
長ねぎ(みじん切り・大さじ2)、ごま油(大さじ1)、塩(少々)を混ぜ合わせてかける。

蒸し時間 10分

かぼちゃ×パセリチーズ

作り方

かぼちゃ（適量）は厚さ1cm弱に切り、10分蒸す。粉チーズ、塩、ドライパセリ（各適量）をかける。

蒸し時間 10分

さつまいも×レーズンバター

作り方

さつまいも（適量）は厚さ約2cmに切り、10〜15分蒸す。レーズン、バターをのせ、はちみつ（各適量）をかける。
＊さつまいもとレーズンを一緒に蒸すのもおすすめ。

蒸し時間 15分

厚揚げ×ジンジャー塩麹

作り方

厚揚げ（1枚）はキッチンペーパーで押さえて油を抜き、角切りにして5分蒸す。塩麹（適量）、おろしショウガ、オリーブオイル（各少々）を混ぜ合わせてかける。

蒸し時間 5分

ちくわ&はんぺん×ショウガじょうゆバター

作り方

ちくわ、はんぺん（各適量）は好きな形に切り、そのまま5分蒸す。おろしショウガ、しょうゆ、バター（各適量）をかける。

蒸し時間 5分

手羽先×オリーブ柚子胡椒

作り方
手羽先(適量)はスライスニンニク(適量)をのせ、塩・コショウ(少々)をふって15分蒸す。オリーブオイル、柚子胡椒(各適量)を混ぜ合わせてかける。

蒸し時間 15分

パンにのせると"明太フランス風"に!

たらこ×マヨガーリック

作り方
たらこ(1本)はそのまま10分蒸す。マヨネーズ(大さじ1)、おろしニンニク(少々)を混ぜ合わせて添える。

蒸し時間 10分

ベビーホタテ×わさびオリーブオイルじょうゆ

作り方
ベビーホタテ(適量)は水気をきり、そのまま5分蒸す。わさび、しょうゆ、オリーブオイル(各適量)をかける。

蒸し時間 5分

豆腐×韓国風コチュソース

作り方
絹豆腐(1丁)は軽く水気をきり、そのまま5分蒸す。コチュジャン、ごま油、砂糖(各小さじ2)を混ぜ合わせてかける。

蒸し時間 5分

蒸し野菜で絶品スープ

すぐに食べないぶんは粗熱を取り、小分けにしてジッパー付きポリ袋などに入れて冷凍しておくのがおすすめ。

かぼちゃポタージュ

蒸し時間 15min

豆乳仕立てであっさり。
疲れたときの私の定番です。

材料 作りやすい分量

かぼちゃ……正味500g
玉ねぎ……1/2個
豆乳……450mL
塩麹……大さじ1
塩・コショウ……適量

作り方

1. かぼちゃはタネとワタを取り除き、薄切りまたは乱切りにして10〜15分蒸す。
2. 玉ねぎは大きめのくし形切りにして10分蒸す。
3. 1、2、豆乳を鍋に入れてハンドブレンダーにかけ、中火で温める。塩麹を加え、味見をして塩・コショウで味を調える。

＊ミキサーで作ってもOKです。

さつまいもポタージュ

蒸し時間 15min

あっさりさらり
やさしい甘みに癒やされる。

材料 作りやすい分量

さつまいも……400g
玉ねぎ……1/2個
豆乳……450mL
塩麹……大さじ1
塩・コショウ……少々

作り方

1 さつまいもはシマシマに皮をむき、スティック状に切って10〜15分蒸す。
2 玉ねぎは大きめのくし形切りにして10分蒸す。
3 1、2、豆乳を鍋に入れハンドブレンダーにかけ、中火で温める。塩麹を加え、味見をして塩・コショウで味を調える。

＊ミキサーで作ってもOKです。

そのままつまみ食いしてもおいしい！

塩麹、中華麹を作りませんか？

塩麹　保存期間｜冷蔵で3か月

塩麹はせいろ蒸しと相性抜群！
あまりにもカンタンでおいしいので、一度作れば大活躍します。

材料　作りやすい分量
米麹……100g
塩……35g
水……150mL

作り方
1. 塩と米麹をよく混ぜ合わせる。
2. 水を加え、全体がしっとりとなじむまでよく混ぜる。
3. ジッパー付きポリ袋や清潔な保存ビン（煮沸またはアルコール消毒をしたもの）に入れ、密閉せず常温に置く（ビンの口にキッチンペーパーをかぶせて輪ゴムで留めておくのがおすすめ）。発酵期間中は1日1回かき混ぜる（ジッパー付きポリ袋の場合は手でもむ）。麹の粒が手でつぶせるぐらいになったら完成。発酵後は冷蔵保存する。

発酵期間の目安
夏場…4〜7日／冬場…10〜14日

中華麹　保存期間｜冷蔵で3か月

ニンニク、ショウガ、ねぎを使っているので風味豊か。
魚、野菜、肉ともよく合うので、味のレパートリーが広がります。

材料　作りやすい分量
米麹……100g
塩……35g
A｜水……100mL
　｜長ねぎ……100g
　｜ニンニク……5片（50g）
　｜ショウガ……50g

作り方
1. 塩と米麹をよく混ぜ合わせる。長ねぎ（青い部分も使用）、ショウガはざっくり切る。
2. Aを、フードプロセッサーにかけ、ペースト状にする。
3. 1と2をよく混ぜる。
4. 上記の「塩麹」の手順3と同様にする。

たれとソースのバリエーション

ハニーマスタード

粒マスタード、はちみつ(各大さじ1)、オリーブオイル(大さじ2)

おすすめ食材
鶏肉、サーモン、さつまいも、かぼちゃ、ベーコン、パン

マーマレード味噌

マーマレード(大さじ3)、白味噌(大さじ1)

おすすめ食材
鶏肉、魚介、厚揚げ、大根、れんこん、さつまいも、じゃがいも

ごま味噌だれ

すりごま、白味噌、みりん(各大さじ3)、砂糖、ごま油(各大さじ1)

おすすめ食材
肉、魚介、豆腐、厚揚げ、いんげん、青菜などの野菜、海藻、きのこ、こんにゃく、うどん

スイートチリライム

スイートチリソース(大さじ3)、ライム(大さじ1)

おすすめ食材
エビ、イカ、タコ、和え麺、厚揚げ、もやし、卵、鶏肉

ジンジャー塩麹だれ

塩麹、オリーブオイル(各大さじ3)、おろしショウガ(小さじ1/2)

おすすめ食材
魚介、肉、豆腐、厚揚げ、れんこんなどの野菜、海藻、きのこ

ガーリッククリーム

サワークリーム(大さじ3)、おろしニンニク、レモン汁(各小さじ1/2)

おすすめ食材
パン、じゃがいも、れんこん、鶏肉、豚肉、ベーコン

クッキングシート活用術 2
「蒸しBOX」の作り方

クッキングシートで作る「蒸しBOX」は、ケーキや汁気がある料理に活躍。
サイズを変えてミニサイズで作ることもできます。

1 クッキングシートを約30×35cmにカット（だいたいでOK）

2 長辺を半分に折る。

3 さらに横半分に折る。

4 3を90°回転し、三角になるように開いて折る。反対側も同様に開いて三角に折る。

5 右側の角を左の角に合わせて折り、反対側も同様に折る。

6 左右の角を真ん中に合わせて折る。反対側も同様に折る。

7 下のはみ出したところを折り返す。反対側も同様に折り返す。

8 開いたら完成！

蒸しケーキに活用！

使い方例

- ホットケーキや蒸しパンの生地を流し込んで蒸すと、BOXの中で丸く膨らむ。
- 酒蒸しなどの汁気が多い料理は、お皿を使わなくてもこのBOXに入れれば汁気をこぼさずに蒸せる。
- 重みがあるものを蒸す場合は、2個重ねるのがおすすめ。

5

せいろで Let'sパーティー

せいろはまるで玉手箱。
ふたを開け、湯気の中から料理が登場すれば
一気に食卓が盛り上がる!

しらすの和風ナンピザ

蒸し時間 **3**min

ほんのり甘い白味噌味にれんこんの食感がアクセント。
市販のナンで手軽にできます!

材料 2人分

ナン（ミニサイズ）……2枚
A ┃ 白味噌……大さじ1
　　┃ マヨネーズ……大さじ1
　　┃ しょうゆ……小さじ1/2
れんこん（薄切り）……4枚
しらす……大さじ2
ピザ用チーズ……適量
大葉……2〜3枚
炒りごま……小さじ2

作り方

準備
- **A**を混ぜ合わせる。

詰める
- クッキングシートを全体に敷き、ナンをのせる。**A**を塗り、れんこん、しらす、ピザ用チーズをのせる。

蒸す
- 3分蒸す。
  刻んだ大葉、ごまを散らす。

材料 2〜3人分

ブッラータチーズ……1個
ミニトマト……15個
オリーブ（塩漬け）……15粒
ニンニク……3片
レモン（くし形切り）……1/8個
オリーブオイル……大さじ3
好みのパン……適量

作り方

準備
パンを食べやすい大きさに切る。ミニトマトはヘタを取り除く。

詰める
グラタン皿などを置き、ミニトマト、オリーブ、ニンニク、レモンを入れ、オリーブオイルを全体に回しかける。空いたところにパンを入れる。

蒸す
5分蒸したら火を止めて、皿の中にブッラータを加える。ブッラータを崩してパンにからめながらいただく。

トマトとオリーブのアヒージョ

蒸し時間
5 min

ミニトマトから出る水分のおかげで、オイル少なめで OK。
ブッラータチーズをからめながらいただきます。

アクアパッツァ

蒸し時間 **15min**

せいろを使い始めてハマった料理のひとつがアクアパッツァ。〆にごはんを加えてリゾット風にするのが楽しみ！

魚と野菜の濃いうまみで手軽にリッチな味わい

材料 2人分

- 生タラ……2切れ
- ブロッコリー……6房
- マッシュルーム……3個
- ミニトマト……6個
- ニンニク……1片
- レモン（スライス）……1枚
- 塩麹……小さじ2
- A | 塩・コショウ……適量
  　　オリーブオイル、白ワイン（または酒）
  　　　……各大さじ2

作り方

準備
- ミニトマトはヘタを取り除く。マッシュルームは半分に切る。ニンニクはスライス、スライスレモンはイチョウ切りにする。

詰める
- クッキングシートを全体に敷き、タラを入れ、周囲にその他の具を入れる。タラに塩麹をぬり、全体にAを回しかける。

蒸す
- 15分蒸す。

蒸しタコス

蒸し時間 13min

トルティーヤは蒸すとふっくらいい香り。下味をつけたミートと
ツナコーンを缶ごと一緒に蒸すだけでカンタンに完成！

材料　2〜3人分

トルティーヤ（ソフトタイプ）……4〜6枚

タコミート
- 合いびき肉……約90g
- 玉ねぎ（みじん切り）……1/4個（約50g）
- ケチャップ、粉チーズ……各大さじ2
- 塩・コショウ……少々

ツナコーン
- ツナ缶（ノンオイル・汁気をきる）……1缶
- スイートコーン……小さじ2
- マヨネーズ……小さじ2
- カレー粉……小さじ1
- 塩……少々

ワカモレ
- アボカド（完熟・種と皮を除く）……1個
- レモン汁……小さじ1
- 玉ねぎ（みじん切り）……1/8個
- 塩・コショウ……少々

トッピング、ソース（パクチー、ライム、紫玉ねぎ、レタス、チーズ、スイートチリソースなど）……各適量

作り方

準備
- 耐熱ボウルなどに**タコミート**の材料を入れて混ぜる。
- ツナ缶の中に**ツナコーン**の材料を入れて混ぜる。
- **ワカモレ**の材料をボウルに入れ、アボカドをつぶしながらよく混ぜる。

詰める
- せいろに**タコミート**を器ごと、**ツナコーン**を缶ごと入れる。

蒸す
- 7分蒸したら**タコミート**を混ぜ、さらに3分蒸す（肉に火が通っていない場合は、さらに数分追加で蒸す）。火を止めて、空いたところにクッキングシートを敷き、トルティーヤを軽く折ってのせ、ふたをして2〜3分蒸らす。
- **ワカモレ**、トッピング、ソースを添え、自由に包みながらいただく。

ワカモレや野菜、チーズを添えてフリースタイルで楽しんで

世界一カンタンで楽しい せいろパーティーメニュー

蒸しチーズフォンデュ

蒸し時間 **10**min

ふたを開けると膨らんだカマンベールチーズの登場！
これを割る瞬間が楽しくて、パーティー気分が盛り上がります。

材料 3～4人分

- カマンベールチーズ……1個
- かぼちゃ……約100g
- じゃがいも……1個
- にんじん……1/2本
- ブロッコリー……6房
- ミニトマト……6～8個
- ヤングコーン……3～4本
- ウインナー……3～4本
- 好みのパン……適量

作り方

準備
- かぼちゃ、じゃがいもは小さめの角切り、にんじんは厚さ約5mmの輪切り、ブロッコリーは大きいものは半分に切る。ミニトマトはヘタを取り除く。

詰める
- 真ん中にクッキングシートを敷き、カマンベールチーズをのせる。周囲に野菜、ウインナーを並べる（野菜の色移りやウインナーの脂が気になる場合はクッキングシートを敷く）。

蒸す
- 10分蒸す。
- カマンベールの上部をフォークなどで破り、具やパンをからめながらいただく。

生ハムとチーズのおつまみ餃子

蒸し時間 **5**min

とろりとからむエノキとチーズ、生ハムの塩気がいい感じ。
お酒にもパンにも合う、大人のおつまみです。

材料 2人分

餃子の皮（大判）……8枚
生ハム……適量
クリームチーズ……適量
エノキダケ……約1/4株
塩・黒コショウ、オリーブオイル
　……各少々

作り方

準備
- 生ハムは餃子の皮に収まるサイズを8枚用意する。エノキダケは3等分に切る。
- 餃子の皮に生ハム、エノキダケ、クリームチーズを約小さじ1ずつのせて包む。これを8個作る。

詰める
- クッキングシートを全体に敷き、餃子を並べ入れる。

蒸す
- 5分蒸す。
- 塩・黒コショウ、オリーブオイルをかけていただく。

とろとろお好み蒸し

蒸し時間 **5 min**

器に入れて蒸すだけで完成するヘルシーなお好み焼き風料理。
小麦粉も卵も肉も使わないけれど、ちゃんとお好み焼きの味！

材料 2人分

A
- 絹豆腐（水気をきる）……150g
- 長いも（すりおろす）……5cm（約100g）
- 小ねぎ（小口切り）……4本
- 中華麹……大さじ1
  （または顆粒和風だし小さじ1）

お好み焼きソース、かつお節、青のり粉
　……各適量

作り方

準備
- ボウルに **A** を入れて豆腐を崩しながらよく混ぜる。

詰める
- 蒸し布やさらしを敷き、深さのある器をのせ、混ぜ合わせた **A** を入れる。

蒸す
- 5分蒸す。
- お好み焼きソース、かつお節、青のり粉をかけ、スプーンですくっていただく。

Camping meals

キャンプでせいろごはんに挑戦しました！

キャンプ×せいろは相性バツグン！
油もたくさんの調味料もいらないので、荷物も少なく、後片付けも楽ちん。

前から気になっていた"キャンプせいろ"にチャレンジしてきました。食材を切って容器に入れたら下準備は完了。リュックにせいろと蒸し板、鍋、食材を詰め込んで出動しました。現地では、カセットコンロにお水を入れた鍋をセットして沸かし、せいろに食材を詰め、蒸すだけです。この本で紹介しているソース蒸し焼きそばもチーズフォンデュも大成功。ふたを開けるたびに大盛り上がり！ 風に舞う湯気を眺め、野外の空気の中みんなであつあつの料理を楽しめるのも最高でした。今後は自分で火をおこしてお湯を沸かしたり、素敵なテーブルセッティングをして、せいろでモーニングプレートや蒸しスープ、蒸しおにぎりやアヒージョも作ってみたいと思います！

6
蒸すだけカンタン
ほっこりおやつ

おやつ作りも、せいろなら本当にカンタン。
せいろに入れて蒸すだけだから、
初めてのスイーツだって、失敗知らずなのです。

りんごホットケーキ

蒸し時間 **10min**

せいろなら大きなホットケーキもお手のもの。ふたを開けると思わず歓声が上がります！

材料 作りやすい分量

A | ホットケーキミックス……200g
　| 卵……1個
　| 豆乳または牛乳……140mL

りんご……1/2個
プレーンヨーグルト、
　メープルシロップ……各適量

作り方

準備
- ボウルに**A**を入れてよく混ぜる。
- りんごは皮をむき、8等分のくし形切りにする。

詰める
- クッキングシートをせいろのふちが隠れるくらいしっかりと全体に敷き、生地を流し入れ、りんごをのせる。

蒸す
- 10分蒸す。
- 切り分けて、ヨーグルトを添え、メープルシロップをかける。

りんごの香りをまとった
やさしくてふかふかのケーキ

流行りのキャロケを
せいろで手軽に！

キャロットケーキ

蒸し時間 **5**min

にんじんの風味が際立つから、使うスパイスはシナモンだけ。
きっとこれが世界一カンタンなキャロットケーキ。

材料 直径約6cmのカップ5個分

にんじん……60g

くるみ……25g

A ホットケーキミックス……100g
　　卵……1個
　　シナモンパウダー……小さじ1/2
　　レーズン……20g
　　ココナッツオイル（サラダ油やオリーブオイルでもOK）……5g
　　豆乳または牛乳……30g

クリームチーズ……50g

はちみつ……小さじ1

作り方

準備
- にんじんはフードプロセッサーにかけ（またはすりおろす）、くるみは細かく刻み、**A**の材料と合わせてよく混ぜる。

詰める
- カップケーキ用の紙カップやアルミカップをせいろに入れ、生地を流し入れる。

蒸す
- 5分蒸す。
- クリームチーズとはちみつを混ぜ合わせて添える。

蒸した生地が白くてほんわり かわいすぎるミニどら！

ミニ蒸しどら

蒸し時間 5min

生地を落とし入れて蒸すだけで、どら焼き生地の完成。
あんこと好きなフルーツをのせて、おままごと気分が楽しい！

材料 3個分

A | ホットケーキミックス……50g
  | 水……50mL

あんこ……約大さじ3
好みのトッピング
（栗の甘露煮、いちご、バターなど）……各適量

作り方

準備
- Aをよく混ぜる。

詰める
- クッキングシートを全体に敷き、生地を直径4cmくらいになるようスプーンで落とし入れる。くっつかないように間を空け、合計6個落とし入れる。

蒸す
- 5分蒸す。
- あんこをのせ、好みでいちごや栗、バターなどをのせてもう1枚の生地ではさむ。

まろやかなチーズケーキに
メープル味の
ベリーソースがマッチ

蒸しチーズケーキ

蒸し時間 **10 min**

クリームチーズをたっぷり使ったチーズケーキ。
冷めてももっちり新食感です。

材料 作りやすい分量

- クリームチーズ……200g
- はちみつ……大さじ2
- 卵……1個
- 豆乳または牛乳……50mL
- ホットケーキミックス……80g
- A | 冷凍ブルーベリー……約50g
   | メープルシロップ……大さじ1

作り方

準備
- ボウルに常温に戻したクリームチーズを入れ、ゴムベラや泡立て器でクリーム状になるまでしっかり練る。はちみつ、卵、豆乳、ホットケーキミックスの順に加えながら、その都度しっかり混ぜる。
- Aを耐熱のミニカップに入れる。

詰める
- クッキングシートで「蒸しBOX」を作り(P.98参照)、せいろに入れて生地を流し入れる。
- 空いたところにAのカップを入れる。

蒸す
- 10分蒸す
- 切り分けて、ブルーベリーソースをかける。

普通の板チョコとキャラメルでできる楽しいスイーツ！

チョコ＆キャラメルフォンデュ

蒸し時間 10min

チョコもキャラメルも牛乳を加えて蒸せばとろとろをキープ。
一度に3種のソースを作れます！

材料 4〜5人分

チョコ
- 板チョコ（ミルクチョコレート）……1枚
- 牛乳……小さじ4

ホワイトチョコ
- 板チョコ（ホワイトチョコレート）……1枚
- レーズン……小さじ1
- 牛乳……小さじ4

キャラメル
- キャラメル……7個
- 牛乳……大さじ1

いちご、キウイ、パイナップル、バナナ、りんご、柿、さつまいも、お菓子（プリッツ、マシュマロなど）……各適量

作り方

準備
- さつまいもなど蒸したいものは適宜カットする。
- **チョコ、ホワイトチョコ、キャラメル**の材料をそれぞれココットなどに入れる。

詰める
- クッキングシートにのせたさつまいも、それぞれのココットをせいろに入れる。

蒸す
- 10分蒸したら、**チョコ、ホワイトチョコ、キャラメル**を混ぜる（粘度をゆるめたい場合は少し牛乳を足して混ぜる）。
- 具をからめながらいただく。

＊冷めるとチョコやキャラメルが固まってくるので、熱いうちに食べてください。固まってしまったら、少し牛乳を加えて再加熱してください。

蒸しりんご

蒸し時間 10 min

りんごの甘みがじゅわ〜。
アイスを添えてどうぞ。

材料 2人分

りんご……1個
メープルシロップ、ココナッツオイル……各小さじ2
バニラアイス、シナモンパウダー……各適量

作り方

準備
- りんごは半分に切り、スプーンで芯をくりぬく。

詰める
- クッキングシートを敷いた上に、りんごの断面を上にして置く。

蒸す
- 10分蒸す。
- メープルシロップ、ココナッツオイルをかけ、バニラアイスを添え、シナモンパウダーをふる。

蒸し洋梨

蒸し時間 10 min

なめらかな果肉にチーズをからめて。
おしゃれな香りが広がります。

材料 2人分

洋梨……1個
クリームチーズ……適量

作り方

準備
- 洋梨は半分に切り、スプーンで芯をくりぬく。

詰める
- クッキングシートを敷いた上に、洋梨の断面を上にして置く。

蒸す
- 10分蒸す。
- クリームチーズを添える。

蒸しシュガーバナナ

蒸し時間 **5**min

蒸したバナナは、ジャムのようにふわとろでジューシー。
シナモンパウダーをふってもおいしそう！

材料 2人分
バナナ……2本
砂糖……小さじ2

作り方

準備	・バナナは上面の皮をむく。
詰める	・クッキングシートを敷いた上にバナナを置き、果肉の上に砂糖をふる。
蒸す	・5分蒸す。 ・パンにのせたり、ヨーグルトやアイスと一緒にいただいても。

蒸しもち

蒸し時間 10 min

つきたてかと思うくらいおいしくなるから、私は焼きもちより蒸しもち派。冷凍のおもちなら10分蒸せばOKです。

材料 作りやすい分量
もち……5個
油……少々

作り方

詰める
- クッキングシートを全体に敷き、油を薄く引く。間隔を空けてもちを入れる。

蒸す
- 5〜10分蒸す
- 砂糖じょうゆ、きなこ砂糖など好みの味付けでいただく。

＊もちの種類によって蒸し時間が異なります。様子を見て調整してください。

Omochi

メープルみたらしもち

メープルシロップ、しょうゆ……各小さじ1

味噌バターもち

味噌、バター、はちみつ……各小さじ1

練乳いちご大福

いちご、あんこ、練乳……各適量

ピーナッツバターもち

ピーナッツバター……適量

バターコショウもち

バター、黒コショウ、しょうゆ……各適量

お好みソースもち

お好み焼きソース、青のり粉、かつお節
……各適量

あとがき

この本を手に取ってくださり、本当にありがとうございます。
私はせいろに出合ってから、その手軽さと感動レベルのおいしさに驚き、
魅力にどっぷりハマりました！ 蒸すというシンプルな調理法が、
食材のおいしさを最大限に引き出してくれるんです。
ふたを開ける瞬間は、まるでプレゼントを開けるときのようなワクワク感があります。
ふわりと立ち上る湯気の中から、
食材が色鮮やかに顔をのぞかせるその光景に、いつも心が躍ります。
私は、せいろに冷凍ごはん、冷蔵庫にある野菜、魚を入れ、
塩麹を添えて蒸したワンプレートをよく作ります。
仕事で疲れて帰ってきた日も、時間がないときも、あっという間にできあがり。
せいろに入れて蒸すだけで、温かくてバランスのとれたごはんをカンタンに作ることができます。
また、せいろという調理器具そのものにも惹かれています。歴史ある道具でありながら、
その自然でシンプルな仕組みは、現代の食卓にもぴったり。
もしかしたら、「せいろは難しそう……」と思う方もいるかもしれません。
でも、せいろは、料理が苦手な人も、外食やテイクアウトに頼りがちな人も、
カンタンに使いこなせる調理器具です。私は世界中の家庭で、
一家に一台せいろがあるといいなと思っています。
まずは本書を参考に、せいろの魅力を体感してもらえるとうれしいです。
せいろを取り入れることで、毎日の食卓においしさと感動が加わるはずです。
やさしくて温かいせいろ料理を、ぜひ楽しんでください。
この一冊が、みなさんの食生活をさらに豊かにするきっかけになれば幸いです。

Staff	デザイン	中村 妙
	写真	難波雄史
	スタイリング	片山愛沙子
	校正	麦秋アートセンター
	撮影協力	UTUWA
	編集	藤岡 操
		馬庭あい(KADOKAWA)

サヤ

せいろ料理インフルエンサー。栄養士。せいろ蒸しが大好きな30代女子。食物栄養学科在学中にアルバイト先のオーガニックカフェでせいろに出会う。現在は約10組のせいろを使い分けながら、インスタグラムを中心にレシピを発信。素材のうまみを生かす蒸すだけのミニマルレシピから、一気に主菜と副菜が完成する同時調理レシピ、朝食プレート、スイーツまでさまざまなレシピを投稿している。栄養士ならではのヘルシーで栄養価の高いせいろレシピが好評。

Instagram
@saya_healthydiet

世界一カンタンでおいしい
せいろレシピ

2025年2月15日　初版発行
2025年7月20日　7版発行

著者　サヤ
発行者　山下直久
発行　株式会社KADOKAWA
　　　〒102-8177　東京都千代田区富士見2-13-3
　　　電話　0570-002-301（ナビダイヤル）

印刷所　TOPPANクロレ株式会社
製本所　TOPPANクロレ株式会社

本書の無断複製（コピー、スキャン、デジタル化等）並びに無断複製物の譲渡および配信は、著作権法上での例外を除き禁じられています。また、本書を代行業者等の第三者に依頼して複製する行為は、たとえ個人や家庭内での利用であっても一切認められておりません。

［お問い合わせ］
https://www.kadokawa.co.jp/（「お問い合わせ」へお進みください）
＊内容によっては、お答えできない場合があります。
＊サポートは日本国内のみとさせていただきます。
＊Japanese text only

定価はカバーに表示してあります。

© Saya 2025　Printed in Japan
ISBN 978-4-04-684541-2 C0077